दिल ए नादान

जीतल शाह

Copyright © Jeetal Shah
All Rights Reserved.

This book has been self-published with all reasonable efforts taken to make the material error-free by the author. No part of this book shall be used, reproduced in any manner whatsoever without written permission from the author, except in the case of brief quotations embodied in critical articles and reviews.

The Author of this book is solely responsible and liable for its content including but not limited to the views, representations, descriptions, statements, information, opinions and references ["Content"]. The Content of this book shall not constitute or be construed or deemed to reflect the opinion or expression of the Publisher or Editor. Neither the Publisher nor Editor endorse or approve the Content of this book or guarantee the reliability, accuracy or completeness of the Content published herein and do not make any representations or warranties of any kind, express or implied, including but not limited to the implied warranties of merchantability, fitness for a particular purpose. The Publisher and Editor shall not be liable whatsoever for any errors, omissions, whether such errors or omissions result from negligence, accident, or any other cause or claims for loss or damages of any kind, including without limitation, indirect or consequential loss or damage arising out of use, inability to use, or about the reliability, accuracy or sufficiency of the information contained in this book.

Made with ♥ on the Notion Press Platform
www.notionpress.com

Dedicated to my family, friends
Most inspiring my son and my parents and my in
laws my partner bhavit.

क्रम-सूची

प्रस्तावना	ix
पावती (स्वीकृति)	xi
कवयित्री परिचय	xiii
1. आंखें	1
2. प्यार का इज़हार	2
3. खुशियों की सौगात	4
4. हम बेटियां	6
5. ज़िन्दगी	7
6. किताब मेरी सहेली	8
7. शिक्षक एक दोस्त और माता पिता	9
8. चाँद	10
9. एक नया मोड़	11
10. अपनी दोस्ती	13
11. मेरा प्यारे पौधे	14
12. दर्द	15
13. बादल	16
14. पतंग सी मेरी डोर	17
15. खुशी ओर गम	19
16. अनजाना दोस्त	20
17. मेरी परी	22
18. एक आस	23
19. खुशी	24

क्रम-सूची

20. एक तोहफा 25

21. रंग 26

22. रिश्ता 27

23. मौत 28

24. शरद 29

25. दोस्ती 30

26. आसमान 32

27. साथ आपका 33

28. आइना 34

29. अपनापन 35

30. कुछ मीठी ऊं 36

31. कोविड १९. 37

32. सफर का पैया 38

33. बरसात संग पकौड़े 39

34. एक मा की अनदेखी दास्तां 40

35. मन जो ढाने पढ़ने लिखने का तो कोई रोक नहीं पाते 41

36. जिंदगी तेरा शुक्रिया 43

37. परिवार 44

38. खुद से प्यार 45

39. वादा 46

40. काला रंग 47

41. मेरा साथी 48

क्रम-सूची

42. कान्हा ... 50

43. हे कृष्ण.... ... 53

44. पतंग सी मेरी डोर ... 55

प्रस्तावना

प्रस्तुत पुस्तक " दिल ए नादान" में लिखी सारी रचनाएँ स्वरचित तथा मौलिक है।

इस पुस्तक में नैतिक, प्रेरणादाई, उत्साह से भरपूर काव्य, नज़्म का संकलन है। इसे पढ़कर आपके मन को आनंद मिलेगा। मेरी हर रचना मेरे मन से आप सभी के हृदय को स्पर्श करके मन तक पहुंचे यही आशा करती हूं।

मेरा मकसद किसी भी भावनाओं को ठेस पहुँचना कदापि नहीं है।

प्रस्तुत किताब की कविताएं पढ़कर आप सभी के मन को अपने जीवन से जुड़ी सारी खट्टी मीठी यादें ताजा हो जाएंगी। यह रचनाएं आप सभी के मन को स्पर्श करे यही ईश्वर से प्रार्थना करती हूँ।

पावती (स्वीकृति)

मेरी ये कविताएं आप सबको पसंद आएगी ऐसी मेरी आशा है। ये सब कविताएं मेरे दिल से लिखीं गई है। इस में हम सब के दिल के कोने के कुछ अनकही बाते झलक थी है। ये किताब की कविताएं में भावनाएं, आहत, दुःख, प्यार सब झलक था है। मुझे आशा है कि आप सभी को ये सब कविताएं पड़कर मजा आएगा।

कवयित्री परिचय

मेरा जन्म गुजरात के वडोदरा शहर में हुआ है। मुझे बचपन से संगीत,नाचना गाना, अच्छा लगता है। मेरा परिवार बहुत ही बड़ा परिवार है। में अपने चाचा और चाची की भी लाडली हु।

पठाई लिखाई, कुछ नया सिखाना मुझे बहुत अच्छा लगता है।

में बचपन से दादी की कहानी या सुनकर अपने दोस्तों को सुनाती। में वडोदरा में ब्राइट स्कूल में पड़ी हुई।

हम गुजराती है। मेरी शादी कलकत्ता में हुई है। एक संयुक्त परिवार में रहकर भी में अपने लिए थोड़ा सा समय निकाल लेती हु। मेरी Amazon Kindle पर ४ कीताबे प्रस्तुत हो चुकी है। आशा रखती हुई आपको मेरी ये कविता एक पढ़कर अच्छा लगेगा।

1. आंखें

आंखे आज भी नम,
हो जाती है,
जब आप की,
याद आती है,
जान कर भी ,
अन जान बनती हु,
दिल को समझा करती हु,
ये तो तकदीर का खेल है,
यादें समेटे अपने दिल में,
खुद को बहलाया करती हु,
कभी आप की तस्वीर से,
तो कभी अपके साथ,
बिताए हुए मीठे पल,
को याद करलिया,
करती हु,
ओर बस खुद,
को आप की,
यादों के सहारे,
मुस्कुराया करती हु।

2. प्यार का इज़हार

होठ है खामोश मगर,
आंखें बयां करती है,
बातें लबों पे आते आते,
रुक सी जाती हैं,
धड़कनें दिल की तेज,
हो जाती है
जब आप सामने,
आते हैं,
कुछ शब्द नहीं,
तुम्हारे पास,
खामोश में भी हु,
है प्यार आप को भी,
ओर हम को भी,
पर शर्म से आंखें,
झूक सी जाती हैं,
नजरें मिलती है,
आप की ओर,
हमारी भी,
तन्हा है आप भी,
ओर हम भी,
मन में उमंग भरे,
चाहतों की अंगड़ाइयां,

लिए आज फिर एक,
सुबह हुई।
आज मिले फिर,
हम ईस कदर,
नैनौ से मिले नैना,
इस कदर,
बस तुम से,
देखा करती हु।
हे ये अनोखा
रिश्ता हमारा,
हे ये अनोखा,
बंधन
चलो आज ये,
दुरियां मिटा दे,
ओर बंध जाएं,
एक बंधन में हम।

3. खुशियों की सौगात

तितलियों की तरह ,
आया ये पल,
न तुम रोक सको
ना हम,
उथल के कूद के,
ये पल,
हर दम हर ,
पल जी ले,
ये पल,
अपनो का प्यार,
अपनो का साथ,
मिल जाते,
हर पल ,
हर वक्त,
फूलों सी महक,
काटो सी चुभने,
इसे देख कर,
जी ले हर पल,
कही आज किसी,
से मुहब्बत न हो जाए।
पंछी की तरह उठती,
फिरूँ मे,

बादलों को चूम कर,
आज पल हर पल,
जी लु मै।।

4. हम बेटियां

खुशियों की सौगात लेके आए जो
एक डोर को बांधे रखे जो
मीठे मीठे सपने बूने जो
दिल में बसे जो
खिल खिलाती रहे वो
हस्ती मुस्कुराती रहे वो
सब रूप की प्रतिमा वो
खुशियों से भर दे दामन सब का
है हम बेटियां।

5. ज़िन्दगी

ज़िन्दगी भी क्या क्या,
रंग दिखाती है,
धुप भी, छाऊ भी,
ऊजाला भी अंधेरा भी,
कभी फुल तो कभी कांटे,
खुशी भी ओर गम भी,
हरी भरी जिन्दगी में,
आते हैं पतझड़ के मौसम भी,
हरियाली से भरे भरे पेड़ जब,
सूख के बीखर जाते जमी पर,
मानो जैसे हवा ओ के ,
झोंको से लहराते गम भी,
गमों के बादल झड़ कर,
खिलते है फूल जैसे,
जिन्दगी की राहें है
बिल्कुल ऐसे।
सीखाते से ये पतझड़ के मौसम हमें ,
हार मत मानो तुम कभी।

6. किताब मेरी सहेली

गुम सुम सी , अकेली सी थी मै,
गुम सुम सी, अकेली सी थी मै,
जानें कई बार अकेले बतियाती थी मे,
सोंचती कई बार अक्षर, केसी पहेली हु मे,
बातें किया करती थी ईन किताबों से,
कितने खुश नसीब है ये किताबों के पन्ने,
उलट पलट कर सकते इसके पन्ने हम,
काश कभी हम कर पाते अपने जिन्दगी के पन्ने,
अकसर बातें करती ईन किताबों से,
कही एक कोनो मे बेढे वक्त बिताते हम,
है ये किताबे मेरी दोस्त,
खुद को भी भुल जाती मै,
वक्त का तब पता भी न चलता,
जब तक कोई आके दस्तक न देता।

7. शिक्षक एक दोस्त और माता पिता

माँ ओर बाप की छलक है आपमें,
गुणों से भरी ज्ञान की टोकरी,
है आपके पास मे,
नई राह नई उम्मीद,
की रोशनी हैं आपके,
चरणों में,
हर मुष्किल पहेली,
का हल हैं आपके पास मे,
कदम जहाँ हमारे लडखडा ते,
साथ हमेशा आप का पाते,
अच्छे विचार है आपके पास,
हर मुस्कुराते चहेरे के पीछे,
नई उम्मीद है आप,
भटकते हुए को,
नई राह दिखाते,
प्यार से उन्हे समझाते।

8. चाँद

चाँद तेरी चाँदनी को नजर
न लगे हमारी,
छूने की रोज करती
हु कोशिश तुम्हे,
पर छू नही पाती,
सितारों से खेल,
ते हो आख मे चोली,
जब शर्माते हे ,
कई लम्हे तब,
चाँद सब कहते है,
तुम मे है दाग,
पर मै कहती हु,
जी से तुम्हारी ,
कदर नहीं,
फिकी सी है,
जिन्दगी उनकी।

9. एक नया मोड़

सजी हु आज मै दुल्हन बनकर,
घर सजाने पिया का आंगन,
अपना सब कुछ छोड चली,
देखो मे पिया के आंगन चली,
वो गुडडा, गुडिया का खेल,
लो वो सब छोड चली,
मे आज बाबुल तेरा,
अंगना छोड चलीं,
नये रिश्ते निभाने,
नई उम्मीदों को साथ,
निभाने चली,
हाथों में सजी,
सजना की मेहदी,
ओढ के लाल रंग,
कि चुनर लो मे ,
चली बाबुल तेरा अंगना,
छोड,
याद आएगी सारी,
बातें, वो लडकपन,
हसी के ठहाके,
खट्टी मीठी नोक जोक,
अब मेरा घर हो गया,

पराया,
संभाल ना है मुजे,
अपना नया घर,
खुशकिस्मत हु मे,
जो मुझे मिले दो परिवार।

10. अपनी दोस्ती

पुरानी यादें पुराने दिन,

कैसे मिढे थे वो सुनहरे दिन,

बारिश में भीगना,

वो गुडिया से खेलना,

स्कूल जाकर शिक्षक ,

की टांग खिंचना,

वो दोस्तों यारों के,

साथ वक्त बिताना,

कभी न लोटेंगे ये पल

आओ जी ले ये पल।

कहुं सोचा न था की,

हम मिलेंगे फिर इस,

कदर,

कभी तन्हा हमसफ़र,

आज मिले हैं,

तो चलो फिर,

लोट जाए अपने,

बचपन में,

कुछ साथ बिताए,

हुए पल ,

यादें ताज़ा करके,

फिर से जिये वो पल ,

11. मेरा प्यारे पौधे

इतने बड़े आंगन में,
कुछ अधुरा पन था,
ले आई मैं एक ,
सुन्दर सा पौंधा,
रोज में उसे,
सिंचती रही,
प्यार दुलार करती रही,
मानो जैसे उसमें,
जान है बसी,
खुद से भी ज्यादा,
में उसकी देखभाल,
करने लगी,
ठंडी हवा के झोंके
आने से। डोल थी,
तु ईधर उधर,
आज गीरी है,
पहेली बारिश की बूंदें,
और कली खिली बहार की,
कितना सुन्दर कितना प्यारा
खिला है ये फूल देखो
महक उठा है आंगन मेरा ।

12. दर्द

आँसुओ को छिपाकर,

मुस्कुराना सीखा है हमने,

हर दर्द को छुपाकर,

मुस्कुराना सीखा है हमने,

दर्द हो दिल में तो,

उस दर्द को छुपाना ,

सिखा से हमने ,

जताना आए न आए,

पर फिर भी संभल ना सिखा से हमने।

13. बादल

छा रहे है काले बादल ,
घने रे , ऊढ रहे है,
आग के गोले ईस,
कदर खत्म हो रहीं,
है दुनिया ईस कदर,
कफन पर कफन ,
बढ रहे है ईस कदर,
मोत को सब देख,
रहे है करीब से।
डर सी हो रही,
है जिन्दगी जैसे,
उम्मीद का दामन,
छोड दिया है जैसे।
पैरों तले जमीन खिसक
गई है जैसे।
कब आयेगा
हसी खुशियों
वाला पल
चब होंगे सुन्हरे पल।।।

14. पतंग सी मेरी डोर

उड़ी मे आज हवा मे उड़ी,
लेके रिश्तों की डोर,
चली मे बादलों से,
मिलने चली,
हवाओं ने बदले,
रूख अपने,
सितारों ने भी,
चम काई चाँदनी,
अपनी,
कदम अब नही,
जमीन पर,
चली चली मै,
पतंग के डोर,
सी चली,
ऊचे गगन को,
मिलने चली।
नये रिश्ते,
नई उम्मीद,
नई राह पर, चली
सपने लिये इन,
आखों मे आज,
सपने संजोये,

चली ,
बादलों से आज,
बातें करने चली,
आज फिर एक,
नई उम्मीद लिए,
चली।
अमनो को अपना
बनाने चली।

15. खुशी ओर गम

ए जिंदगी तुझ से आज ,
कुछ कहना है,
ए जिंदगी तुझ से आज,
कुछ कहना है,
तुम हो कितनी खुबसूरत,
तुम हो कितनी हसी,
इक पल मे देती,
हो खुशी तो इक,
पल गम,
कहती हो आँसु,
ओ की कोई,
किमत नही,
पर आँसु ओ,
तो है अनमोल,
जिन्दगी चाहे,
छोटी हो या बड़ी,
होती है अनमोल। ।।

16. अनजाना दोस्त

हां में कुछ डरी डरी सी थी,
हा में कुछ सहेमी सहेमी सी थी,
था मेरा पहेला दिन इस ओफिस में,
अनजाने लोग अनजाने रिश्ते,
इस भीड में लगा हमें की हम,
कही खो गए,
तब बढ़ाया कदम,
आपने हमारी ओर,
इस कदर लगा हमें,
कुछ ऐसा जैसे कोई,
राह मिल गई हो,
मेरी हिम्मत बढाई
आपने ,
आसमान को छुना सिखाया
आपने,
कदम कदम पर,
सीढ़ी चढ़ना सिखाया
आपने,
गिर कर खुद को,
संभाल ना सिखाया
आपने,
करते हम आपका,

शुक्रिया हर पल,
हर घड़ी आपका,
अनजाना जो,
रिश्ता था हमारा,
वो कब बन गया,
सयाना।

17. मेरी परी

खुशियों की सौगात लेके आए जो
एक डोर को बांधे रखे जो
मीठे मीठे सपने बूने जो
दिल में बसे जो
खिल खिलाती रहे वो
हस्ती मुस्कुराती रहे वो
सब रूप की प्रतिमा वो
खुशियों से भर दे दामन सब का
है हम बेटियां।

18. एक आस

कहि तो कुछ है,
जो मन को छु कर,
जाता है,
कहि तो कुछ है,
किसीको नहीं पता,
कि प्यार, क्या है,
तेरी प्यारी सी मुस्कान,
छोटी सी बातें,
मन को छु गई,
कहि तो कुछ है
मीठे बोल तेरे,
मन को छु गये,
होठौ पे दबी सी हसी,
कहि तो कुछ है
आखौ से कह गए,
चुप के से कुछ कह गए ।

19. खुशी

कुछ बुंदे छुपी हुई हे,
इन आखो में,
दबी दबी हुई सी
एक दर्द लिए आंखों में,
कुछ दर्द भरा से,
इस दिल में एसा,
जो बयान नहीं कर पाते
दर्द दिल का समझ नहीं पाता,
खुशियों ने तो जैसे ,
मुंह मोड़ लिया,
दस्तक दे के दरवाजे पर,
उड़ ही जाती है,
खामोश लफ़्ज़ कुछ कह नहीं पाते,
ठहरी ठहरी सी बुंदे ये, ठहर सी जाती है,
बयान करना चाहु तो कीसे कहुं,
आंखें तो अब नम सी हो गई है,
रुक सी जाती है ये बातें,
लफ्ज़ पर आंतें आंतें,
कांटे नहीं कटते ये दिन अब तो,
जिंदगी जैसे रुक सी गई है।
कुछ बुंदे छुपी हुई हे।

20. एक तोहफा

पलकें बिछाए बैठे है हम आज कुछ ,
इस कदर बढ़ रही है तेज़
अब दिल की ये धड़कन,
सुबह से लेकर रात तक पलकें
बिछाए दरवाजे पर,
देगा कोई दस्तक अब।
बेचैन थी सांसें अब,
ना जाने कब आयेगा पैगाम कब।
ठंडी हवाएं बहने लगी,
दरवाजे की घंटी बजने लगी।
देखकर इतना प्यारा तोहफ़ा,
आंखें ना जाने क्यों भर आई।
जितनी अहमियत दिखाई आप सभी ने,
उतनी तो ना की किसी ने।
खुशियों के आंसू बहे इस कदर,
कहीं इस खुशी को लग,
ना जाए हमारी ही नजर।

21. रंग

पतझड़ सी हो गई थीं ज़िन्दगी,
खुशियों ने भरे रंग,
फिर खिल उठी जिंदगी ,
फूलों की तरह,
काले बादल जब हट गए,
साथ में सब हंस ने लगे,
लाल, गुलाबी,पीला, रंग
छाया, बन गया मेरा साया
एक लकीर जब खिंची
थी उसने उंचाई से,
सीधी गिरी थी नीचे,
अंधेरे ने घेरा था सबको
उजाले ने दी दस्तक तब,
सब कुछ होकर भी कुछ न खोया,
सब कुछ होकर भी कुछ पाया।

22. रिश्ता

एक रिश्ता ऐसा, जो बांधे दिल की डोर,

एक मुस्कान ऐसी , जो दिल को करे मनमोर,

साथ हमारा ऐसा झमाना बने हमारे दिवाने,

टुटे जो दिल की ये डोर, तो मुस्कुराना भुले सब,

बचपन का ये साथ हमारा टुटे ना कभी

है ये दोस्ती हमारी सदियों पुरानी, अभी,

कभी बनती मां बाप की छबी ये,

तो कभी शिक्षक, और भाई बहन, की परछाई

दिल की बातें करते हम,

एक दुसरे के बीना अधुरे हम।

दुर रहकर भी पास हम

एक दुसरे के दिलों में बसते हम ।

23. मोत

बिना कहे,बिना सुने,
छोड कर तुम एसे,
चले गए, ना कोई,
संदेश, ना कोई पैगाम,
हसते मुस्कुराते चहरे को,
बस यादों मे समेटे हुए,
हर पल हर लम्हे को,
संजोये रखखे गे हम,
खुश रहना मेरे दोस्त,
जहाँ कही भी तुम हो,
अब बस तेरी यादों,
के सहारे जिलेंगे हम।।

24. शरद

देखो शरदऋतु आई,

जीवन में नया रंग है लाई,

होंठो पर मुस्कान है आई,

दिलों में बेशुमार प्यार लाई,

दिप जले,घर सजे,और कही बजे शहनाई,

त्योहारों की रोनक लाई,

मिठाइयों और तोहफे से घर सजे,

देखो शरद ऋतु है आई,

खिल खिले हैं फूल रंग बिरंगी,

बागों में भी बहार छाई

ठंडी ठंडी पुर्वैया ने

सब के चहेरे पर रोनक लाई।

25. दोस्ती

है ये दोस्ती कितनी निराली,

खिलती जैसे होंठो पर लाली,

अनमोल रिश्ता है ये,

जहा कोई समझौता नहीं,

बांधे दिल से दिल की डोर,

प्यार ही प्यार मीले यहा पर,

मस्तियों से भरी जिंदगी,

बीना अधुरी दोस्ती हमारी

गम और खुशी में दे जो साथ,

बन जाए सब बिगड़ी बात,

बिना कहे समझे जो,

दर्द दिल का कहते वो,

एक दुसरे को संभालें जो,

एक दुसरे का दर्द समझे वो,

रोते हुए को हसना सिखादे,

हर मुश्किल आसान बनादे,

सही राह दिखलाए वो

अंधेरों में रोशनी दिखलाए वो,

आंधी आए तुफान आए,

साथ कभी ना छोड़े जो,

एक अनमोल रिश्ता ऐसा,

जिस के बिना हम अधुरे,

एक दुसरे के लिए जान,
भी दे दे,
जो चाहे वो हदें पार कर,
दे।

26. आसमान

हां खुल के जीना है,
पंख लगा के उड़ना है
हां खुल कर जीना है,
ऊंचे आसमान को छूना है,
पंछी बनकर आज फिर उड़ना है,
हां खुल कर जीना है,
बच्चा बनकर आज फिर वो लम्हे जीना है,
मां बाप की गोद में सर रखकर आज फिर सोना है,
हां खुल कर जीना है,।
दोस्तों के साथ फिर मौज मस्ती करनी है,
खुल कर आज हंसना और लड़ना है,

हां खुल कर जीना है,
उन गलियों में आज जाकर, फिर से
पुराने पल की यादें ताजा कर नी है,
हां खुल कर जीना है।

27. साथ आपका

एक साथ आपका हमारे नाम,
जिंदगी का साथ हमारा अपके नाम,
दिन ब दिन ये बढ़ती जाए,
आसमान की ये सीढ़ियां जढति जाए,
छोटे छोटे पहलुओं ये सुलझाए
कामयाबी का रास्ता ये दिखलाए,
हार कर भी जीत का एहसास
दिखलाए
बंध दरवाजे को खोलकर दिखलाए
साथ न छोड़ ने का वादा हम
करते
मरते दम तक साथ हम देंगे।

28. आइना

देखा मेने खुद को आईने में,
मीली आज में अपनी परछाई से,
चांद से मुखड़े पर था दर्द इतना,
खींच चुकीं थीं लकीरें कई
जोड़े बिंदू जो हर लकीर को,
साथ दे वो हर मुश्किल घड़ी को,
साथ जब आए सब
बनी एक्ता तब।
ऊंची उड़ान जब भरने लगी
एक एक कोनों ने अपनी आहट भरी
मुस्कान जब ये चेहरे पर आई
सब ब ने बजाई तब शहनाई।

29. अपनापन

आज फिर आंखों में ढेर,
सारी खुशियां लेकर,
कदम बढ़ गए आगे,
मां बाप का वो दुलार,
ममता और स्नेह समेटे
हुए खुशी खुशी बिदा हुए
थे हम, बस ये पल कैसे
बीत गया,
जैसे रेत फिसल ती
हाथों से,
और समेटे हुए खुशी
के वो पल भाई भाभी
का स्नेह और वो खट्टी
मीठी यादें
फिर से चल दिए
पराये घर बनकर
फिर एक मां, पत्नी
बहु का फर्ज अदा
करने हम।

30. कुछ मीठी ऊं

ढेर सारे पलों को याद किया हमने,
ढेर सारी बातें कि हमने,
पुराने दोस्तो से मिल के
आज फिर पुरानी यादें ताजा कि हमने,
सब फिर हंसी खुशी से झूम उठे आज,
बारिश ने भी रंग दिखलाया आज,
खुशियां ने भी रंग भरा आज
यही के ठहाके कही तो कहीं
दिल की बातें टांग खिंचाई कभी
कीसी की तो कही सुनेरी यादें

31. कोविड १९.

काले बादलों ने अपना रंग दिखलाया,
लाल पीले वस्त्र धारण किए पर्वतो ने,
बंजर सी होने लगी जमीन, सूख रहे थे,
पेड़ सब , जगह जगह पर छाया मातम
सांसें बिकने लगी बाजार में, अंधेरों
ने घेरा सबको, प्रभात की कोई
किरण न दिखती, चारों ओर सफ़ेद चादर
बिछती, चील ने अब डाला डेरा,
फिर खिला अब नया सवेरा, रिश्तों ने
भी डाला डेरा, अब बसंत फिर लहराई
बाग में फिर रोनक आई।

32. सफर का पैया

मधुबन की खुशबू से महेके जग सारा,
खिल खिले फूलों से सजा ये जग सारा,
पर्वत सी चट्टाने इसमें, चील सी जिद्द
हर मोड़ पर आएं एक नया सवेरा,
कभी बसंत तो कभी पतझड़
कांटों पे चलके मुस्कुराना सीखा,
हरपल एक नया सवेरा देखा,
उदासी जब भी मन पर छाती,
एक सूरज की किरण कहीं दिख लाती,
गुलाब की पंखुड़ियां बीखर जाती,
जब भी कोई उम्मीद नजर आती,
गुलाब की खुशबू सी जिंदगी ,
फिर महक जाती।

33. बरसात संग पकौड़े

इन्द्रधनुष है देखो छाया,
बारिश ने अपना रंग दिखलाया,
कुछ चटपटा सा जल्द बनाया,
चाय संग लुत्फ उठाया,
पके हुए चावल में थोड़ा सा,बेसन,
प्याज, धनिया,हरी मिर्च मिला ई,
फिर तेल की एक कडाई चठाई ,
गरम तेल में छोटे,छोटे गोले
बनाकर तल ने डाले,
फिर उसे बाहर निकाले,
गरमागरम चाय संग लुत्फ उठाया
और बारिश का मजा लिया।
नरम मुलायम मलाई जैसा
मुंह मे जाते तुरंत घुल जाए,
स्वाद का ऐसा चस्का लगाया,
हर पल जी ललचाया,
देखो आप भी इसे बनाना,
कीतना स्वादिष्ट है
हमें भी बताना ओर
साथ मे हमे भी बुलाना।

34. एक मा की अनदेखी दास्तां

सागर जैसी लहराएं तु,

हर जगह खुशबू फैलाएं तु,

रंग भर दे सब के जीवन में,

कांटों पे चलके भी मुस्कुराए तु,

पर्वत सी तेरी शिखर,

प्रभात सी तेरी शहर,

बीना थके,बीना हारे तु चलती जाए,

पंखुड़ियां की तरह तु मंद मंद मुस्कुराए,

परिवार की खातिर तु बनती ज्वाला,

करती हर पल उजाला।

35. मन जो ढाने पढ़ने लिखने का तो कोई रोक नहीं पाते

मन जो ढाने पढ़ने लिखने का,

तो कोई रोक नहीं सकता,

अनपढ़, जाहिर, ग्वार,

ताना मार ने लगी थी,

ये दुनिया जब,

अकेली सी पड़ गई थी तब,

कहने लगे थे लोग मुझे,

तुम हे नादान ना समझ,

आंखों से अश्रु बहते जाते,

जब भी दिल पर लगी चोट,

के घाव कुरेदे जाते,

अनपढ़, जाहिर ग्वार से,

हम तो पहचानें जाते,

अब पानी हो चुका था,

सिर से ऊपर,

तब हम ने भी,

ढानी नही सहेंगे,

सब लोगों की ताने

बाजी,

उम्र ढलने लगी,
तो क्या हुआ,
बाजुओं में आज भी,
है ताकत लिए
पेन ओर पेपर,
पढ़ने लिखने लगी
में,न सुनीं किसकी,
आनाकानी बस जो
मन ने चाहा वहीं किया,
पढ लिखकर कर अपना
एक वजूद बनाया,
पूरे घर संसार को,
एक नई पहेचान
दिखाई,
नहीं होती कोई उम्र,
पढ़ने की, जब भी
ढानो हो जाती पुरी।

36. जिंदगी तेरा शुक्रिया

जिंदगी तेरा शुक्रिया,

जिंदगी तेरा शुक्रिया,

हर एक पल दिए जो तुमने,

हर ज़ख्म जो दिए तुमने,

हर खुशी जो मिलीं तुमसे

हर दर्द जो मिला तुमसे,

फरियाद बस इतनी सी है,

एक साथ सारे ग़म,सारी खुशियां,

बर्दाश्त नहीं होती,

आशु निकाल ना चाहु,

निकाल नहीं सकती,

सब कुछ एक ही पल में संभाल नहीं सकती,

थोड़ी खुशी थोडे गम,

थोड़ा किसी से अपनापन , और

बस सिर्फ प्यार के मिठे बोल,

थोड़ी सी मुस्कुराहट और

थोडा सा प्यार ।

37. परिवार

एक डालीं के अंग हम,
रहते हर पल संग हम,
मां , पापा, भाई, बहन
दादा , दादी, संग हम
कभी कभी खट्टी मीठी
नोक झोंक तो,
कभी रुठना मानना,
हंसी खुशी के ठहाके कभी,
तो कभी पतझड़ का मौसम,
ऐसा प्यारा परिवार हमारा,
संग एक दुजे का रहे हमारा।

38. खुद से प्यार

कभी कीसी की में ना सुनु,
जो चाहे में वो करु,
कभी झुमती गाती में,
कभी मंद मंद मुस्कुराती,
कभी खुद से बातें करती,
कभी खुद से ही रुठ जाती,
कभी योगा करती तो,
कभी खुद के लिए
सजती संवरती,
खुद से इतना प्यार में
करती,
कभी कीसी का दिल
ना तोड़ती।

39. वादा

हार मान कर मैं
पड़ी थी कमजोर,
टुट कर बिखर गई
मैं ,
समय को कोश ने
लगी मैं,
आंसुओ के समंदर में
डुब चुकीं थीं मैं,
न जाने अपने आप को
कोश रहीथी मैं।
उम्मीद की एक किरण
आई सामने,
मानो जैसे खिलने लगे,
फूल बाग में,
कांटों पे चलके मुस्कुराना
सिखाया
हस्ते मुस्कुराते हुए
जीना सिखाया
आज कीया वादा
हमने हार कभी न
मानेंगे जीवन में।

40. काला रंग

छा रहे है काले बादल ,
घने रे , ऊढ रहे है,
आग के गोले ईस,
कदर खत्म हो रहीं,
है दुनिया ईस कदर,
कफन पर कफन ,
बढ रहे है ईस कदर,
मोत को सब देख,
रहे है करीब से।
डर सी हो रही,
है जिन्दगी जैसे,
उम्मीद का दामन,
छोड दिया है जैसे।
पैरों तले जमीन खिसक
गई है जैसे।
कब आयेगा
हसी खुशियों
वाला पल
चब होंगे सुन्हरे पल।

41. मेरा साथी

उछल थी,कुदती में कभी,
संग सखियों के नाची गाती,
थी कभी,
हर पल हर दिन,
इक नई सुरुआत,
किया करती थीं मैं,
बिना अखबार के,
मेरा दिन न गुजरता था,
रोज नई-नई खबरें,
दुनिया भर की बातें,
पर किस्मत को मेरी खुशी,
राझ न आई, अब दिन नहीं
कटते बीना दवाई,
रोज नई-नई खबरें,
नई नई कहानी या,
रोज नए किस्से,
बिस्तर पर पड़ा,
करती हु अब,
ना कोई साथी,
ना कोई हमसफ़र,
न कोई ऐसा ,
जिससे करें हम बात,

अकेली तन्हा हो गई थी में,
अगर जो अखबार न
बनता मेरा साथी,
पुरा दिन बस
तुसी कट जाता,
अखबार पढ़ते, पढ़ते,
हर रोज खबर कोई
होती हटके।

42. कान्हा

नस नस में बसा है इश्क़ तेरा
यहाँ लहू नहीं तेरा इश्क़ ही है।
लगा है ये मर्ज़ जो इश्क़ का ही
कोई दवा नहीं तेरा इश्क़ ही है।
इस बेचैन रूह को चैन मिले
कोई दुआ नहीं तेरा इश्क़ ही है।
दे कतरा कतरा मौत मुझे अब
जो जिन्दा यहाँ तेरा इश्क़ ही है।
है रंगीन ये कायनात सारी देखो
हर और दिखा तेरा इश्क़ ही है।
क्या साँसों का हिसाब लोगे तुम
अब आता जाता तेरा इश्क़ ही है।
टूटते टूटते हम बिखर ही गए थे
जिसने सम्भाला तेरा इश्क़ ही है।
अब जिन्दा हैं या साँसें चले मेरी
देखने वाला तेरा इश्क़ ही है।
क्यों कहूँ तू आकर मिल जा मुझे
यहाँ बाक़ी बचा तेरा इश्क़ ही है।
दुनिया ने सितम पर सितम किए
दुआ बन मिला तेरा इश्क़ ही है।
नस नस में बसा है इश्क़ तेरा
यहाँ लहू नहीं तेरा इश्क़ ही है।

लगा है ये मर्ज़ जो इश्क़ का ही
कोई दवा नहीं तेरा इश्क़ ही है।
इस बेचैन रूह को चैन मिले
कोई दुआ नहीं तेरा इश्क़ ही है।
दे कतरा कतरा मौत मुझे अब
जो जिन्दा यहाँ तेरा इश्क़ ही है।
है रंगीन ये कायनात सारी देखो
हर और दिखा तेरा इश्क़ ही है।
क्या साँसों का हिसाब लोगे तुम
अब आता जाता तेरा इश्क़ ही है।
टूटते टूटते हम बिखर ही गए थे
जिसने सम्भाला तेरा इश्क़ ही है।
अब जिन्दा हैं या साँसें चले मेरी
देखने वाला तेरा इश्क़ ही है।
क्यों कहूँ तू आकर मिल जा मुझे
यहाँ बाक़ी बचा तेरा इश्क़ ही है।
दुनिया ने सितम पर सितम किए
दुआ बन मिला तेरा इश्क़ ही है।
लगा है ये मर्ज़ जो इश्क़ का ही
कोई दवा नहीं तेरा इश्क़ ही है।
इस बेचैन रूह को चैन मिले
कोई दुआ नहीं तेरा इश्क़ ही है।
दे कतरा कतरा मौत मुझे अब
जो जिन्दा यहाँ तेरा इश्क़ ही है।
है रंगीन ये कायनात सारी देखो
हर और दिखा तेरा इश्क़ ही है।
क्या साँसों का हिसाब लोगे तुम

अब आता जाता तेरा इश्क़ ही है।
टूटते टूटते हम बिखर ही गए थे
जिसने सम्भाला तेरा इश्क़ ही है।
अब ज़िन्दा हैं या साँसें चले मेरी
देखने वाला तेरा इश्क़ ही है।
क्यों कहूँ तू आकर मिल जा मुझे
यहाँ बाक़ी बचा तेरा इश्क़ ही है।
दुनिया ने सितम पर सितम किए
दुआ बन मिला तेरा इश्क़ ही है।

43. हे कृष्ण....

इसी जनम में इन आँखों से
दर्शन तेरे कर पाऊँ,
गोकुल की मैं खाली मटकी
भजनों से तेरे भर जाऊँ !
सुना है कान्हा आज भी
हर दिन तुम वृन्दावन आते हो,
राधा रानी और गोपिन संग
नित ही रास रचाते हो !
ब्रज की घास बना दे मुझको,
तेरे चरण पड़ें और तर जाऊँ,
गोकुल की मैं खाली मटकी,
भजनों से तेरे भर जाऊँ!!
यमुना जी की बन कर माटी
धन्य करूँ इस जीवन को,
बन कर मटकी घर घर पहुँचू
माखन मिश्री रखने को,
तेरे हाथों टूट के मोहन,
अपने भाग्य पे ईठलाऊँ,
गोकुल की मैं खाली मटकी,
भजनों से तेरे भर जाऊँ!!
ऐसा चीर बना दे मोहन
लाज ढकूँ हर नारी की,

बनूँ सुदामा जी के तन्दुल
भूख हरूँ बनवारी की!
मुख में तेरे जा कर कान्हा
दर्शन दिव्य मैं कर पाऊँ,
गोकुल की मैं खाली मटकी,
भजनों से तेरे भर जाऊँ!!
बाँस बनादे मुझको गोविन्द
मुरली बन तेरे कर आऊँ,
छूकर अधर तुम्हारे मोहन
राधा जी के मनभाऊँ!
सुध बुध खो कर साथ में तेरे,
तीन लोक दर्शन पाऊँ
गोकुल की मैं खाली मटकी,
भजनों से तेरे भर जाऊँ!!
इसी जनम में इन आँखों से
दर्शन तेरे कर पाऊँ,
गोकुल की मैं खाली मटकी
भजनों से तेरे भर जाऊँ

44. पतंग सी मेरी डोर

उडी मे आज हवा मे उडी,
लेके रिश्तों की डोर,
चली मे बादलों से,
मिलने चली,
हवाओं ने बदले,
रूख अपने,
सितारों ने भी,
चम काई चाँदनी,
अपनी,
कदम अब नही,
जमीन पर,
चली चली मै,
पतंग के डोर,
सी चली,
ऊचे गगन को,
मिलने चली।
नये रिश्ते,
नई उम्मीद,
नई राह पर, चली
सपने लिये इन,
आखों मे आज,
सपने संजोये,

चली ,
बादलों से आज,
बातें करने चली,
आज फिर एक,
नई उम्मीद लिए,
चली।
अमनो को अपना
बनाने चली।

www.ingramcontent.com/pod-product-compliance
Lightning Source LLC
Chambersburg PA
CBHW021133130726
47988CB00003B/1278